TRAITÉ

DES PARTICIPES,

ACCOMPAGNÉ

D'UN EXAMEN CRITIQUE

DU TRAITÉ NOUVEAU DES PARTICIPES FRANÇAIS

Publié par M. ROSSI,

Professeur de littérature et de philosophie, membre correspondant
de la Société gallicane de Paris, etc.,

Par une société d'Instituteurs primaires.

Ut sementem feceris, ita et metes.
(CICÉRON.)

PRIX : 75 Centimes.

TOULON,

EN VENTE CHEZ TOUS LES LIBRAIRES.

1856.

TRAITÉ

DES PARTICIPES,

ACCOMPAGNÉ

D'UN EXAMEN CRITIQUE

DU TRAITÉ NOUVEAU DES PARTICIPES FRANÇAIS

Publié par M. ROSSI,

Professeur de littérature et de philosophie, membre correspondant
de la Société gallicane de Paris, etc.,

Par une société d'Instituteurs primaires.

Ut sementem feceris, ita et metes.
(CICÉRON.)

PRIX : 75 Centimes.

TOULON,

EN VENTE CHEZ TOUS LES LIBRAIRES.

1856.

A MONSIEUR ROSSI,

Professeur de Littérature et de Philosophie,

Membre correspondant de la Société Gallicane de Paris, etc.

> Comme j'ai fait profession jusqu'ici de
> ne me point plaindre de ceux qui m'atta-
> quent, et que je les ai toujours rendus
> *complaignants*, j'ai cru devoir encore
> user de même en cette occasion.
>
> (*Boileau.* — Lettre à Brossette.)

MONSIEUR,

J'ai lu avec un vrai plaisir votre *Traité nouveau des Participes français*, NOUVEAU en effet par le nombre et la nature des bévues dont vous avez cru devoir l'enrichir, et qui le distinguent des autres ouvrages du même genre.

J'ai eu la patience de lire aussi, d'un bout à l'autre, la préface, au moins *singulière*, que vous intitulez si plaisamment : *Aperçu critique sur* TOUTES *les principales grammaires suivies en France*, et dont le moindre tort est d'être écrite dans le français le plus équivoque.

Je n'entreprendrai pas de relever ici les phrases obscures, les expressions impropres, les barbarismes, les solécismes, etc., etc., dont cette partie de votre ouvrage est un véritable fouillis; un volume ne suffirait pas pour remplir une aussi lourde tâche.

Vous me permettrez toutefois de vous dire combien je suis surpris qu'après une pareille publication, corroborée de vos ridicules réclames, vous trouviez encore quelque crédit auprès des gens instruits et bien élevés.

Par quelle mouche aviez-vous donc été piqué pour que, emporté par votre humeur batailleuse, vous alliez étourdiment attaquer des gens qui n'ont pas pour habitude de se hisser sur des échasses, et qui n'ont pas non plus à se reprocher d'avoir commis des œuvres aussi incohérentes que la vôtre?

Quelques grammairiens et non pas *tous* : (1) Lhomond, Letellier, Landais, Girault-Duvivier. Bonneau, Boniface, Chapsal surtout à qui vous teniez à donner le coup de pied classique, sont tour à tour passés aux verges de votre haute critique. Je n'ai pas à m'enquérir du motif qui vous a déterminé à ne vous occuper que des ouvrages dont les auteurs sont morts. Si vous vous étiez borné à faire la leçon à ces gringalets qui ont appris la langue à tous les écrivains du dix-neuvième siècle, je n'aurais pas eu le courage de prendre leur défense, à l'encontre d'un homme de votre valeur. Si même vous n'aviez fait que me comprendre dans l'attaque générale dirigée contre le corps enseignant de Toulon, j'eusse imité la conduite des professeurs universitaires qui n'ont cru devoir répondre que par le dédain à vos critiques injurieuses ; mais vous avez trouvé le moyen d'insérer traîtreusement dans votre préface une note, en tout point mensongère, qui m'est toute personnelle, et qu'il m'était impossible de

---

(1) Voici une liste des principaux grammairiens oubliés, et pour cause, par M. D. Rossi, dans son *Aperçu critique sur* TOUTES *les principales grammaires suivies en France* :

Bescher, Beudant, Blondin, Bonnaire, de Bonnechose, Buté, Cousin, Dessiaux, Dunand, Guérard, B. Julien, Lamaillardière, Lambert, Lamotte, Lefranc, Lemare, Lequien, Lévi Alvarès, Marle, Martin, Albert de Montémont, Albert de Montry, Munier, Perron, Poitevin, De Sacy, de Vailly, Vanier, etc., etc.

laisser sans réponse. Je devais à mes confrères, je devais
aux personnes dont je possède la confiance, je me devais à
moi-même de renvoyer à qui de droit le reproche d'ignorance
que vous avez daigné m'adresser avec une urbanité dont on
croyait la recette perdue depuis longtemps.

Je vous connaissais déjà, M. le professeur de philosophie
et de littérature, comme un très-méchant écrivain ; désormais je vous tiendrai également pour un fort méchant homme,
ce que je n'avais fait que soupçonner jusqu'ici.

Comment ! vous m'écriviez il y a un an à peine : « Per-
» mettez que j'ajoute quelques renseignements historiques à
» votre feuilleton, où d'ailleurs l'exactitude du détail n'est
» égalée que par l'élégance du style. » Et, dans la préface (1)
de votre *Traité nouveau des Participes français*, vous pré-
tendez que je ne sais respecter moi-même ni les principes du
langage, ni les lois les plus ordinaires du style !

De quelle façon expliquez-vous la contradiction qui existe
entre ces deux passages?.... Le premier renferme un éloge, et
vous m'avez nommé ; le second renferme une injure, et vous
me l'avez adressée sous forme d'allusion , sans me nommer.
Il y a un nom dans toutes les langues pour qualifier une pareille conduite.

Votre note est terminée par une apostrophe en langue latine,
sans doute parce que vous pensez que

Le latin , dans les mots bravant l'honnêteté ,

peut aussi y braver la politesse ; mais puisque vous voulez me
dire des injures , ayez donc au moins, Monsieur, le courage
de les dire en français.

Vous me permettrez de ne pas adopter le mode de combat

---

(1) Pages 6 et 7.

que vous paraissez affectionner particulièrement. J'aime à combattre le visage découvert, et,

Quand *j'attaque* quelqu'un, je *le nomme* et *me* nomme.

La meilleure façon, à mon avis, de repousser une agression, qui a dû d'autant plus me surprendre que je n'ai rien fait ni rien dit qui pût la motiver, c'est de prouver que vous ne savez pas le premier mot de la science dont vous faites un si fastueux étalage. Je vais donc, aidé de quelques-uns de mes confrères, qui ne sont pas professeurs de philosophie et de littérature, entreprendre de rétablir les principes que vous avez violés avec tant d'assurance.

Nous laisserons de côté votre Aperçu critique où, sous prétexte de grammaire, vous avez mêlé un peu de tout : de la philosophie scolastique, de l'érudition de *selectæ è profanis*, de la pédagogie triviale, de la critique de mauvais goût, des vanteries, des insinuations malveillantes et beaucoup d'autres choses hétérogènes.

Du fond de cette macédoine que nous avons tournée et retournée en tous sens, pour y trouver quelque chose d'utile, nous n'avons pu, ainsi que tous les autres lecteurs, extraire autre chose qu'une réclame où vous vous proclamez emphatiquement le plus habile entre les habiles.

Nous arrêterons particulièrement notre attention sur les étranges règles que vous avez *découvertes*, et nous signalerons aux élèves les fautes qu'ils seraient exposés à faire, s'ils suivaient vos préceptes à la lettre.

Nous rétablirons enfin les règles que vous avez défigurées en cherchant à les présenter sous une forme soi-disant nouvelle.

S'il résulte de notre travail que vous n'êtes, M. Rossi, ni un grammairien ni un écrivain sérieux ; que votre traité, d'abord mal conçu, a été ensuite plus mal exécuté ; que, bien que vous affirmiez le contraire , il est le plus incomplet de tous les traités semblables ; qu'inexact d'un bout à l'autre , il décèle presque partout l'absence la plus complète , non-seulement de la connaissance, mais encore de l'intelligence et du sentiment de la langue , à qui, M. Rossi, devrez-vous vous en prendre ?

Et si, par aventure, quelques personnes poussant le raisonnement jusqu'à ses dernières conséquences, en viennent à induire que vous n'avez eu d'autre mobile , en publiant un Traité des participes , que de *viser à l'effet*, suivant vos propres expressions , qui devrez-vous encore en accuser? Vous et pas d'autre.

Encore un mot :

Montez , M. Rossi, si bon vous semble, sur de plus hauts tréteaux ; battez tout à votre aise du *tam-tam* pour attirer la foule à votre boutique; continuez surtout à faire de la didactique que vous faites si bien ; mais, croyez-moi, quittez ces allures guerroyeuses qui ne siéent à personne , encore moins à vous, et laissez dormir en paix votre ridicule *colichemarde* et votre martinet plus ridicule encore. Tout le monde y gagnera, vous compris

Veuillez agréer, Monsieur, mes civilités.

NIDERLINDER.

PRÉFACE.

L'étude des participes français , dont on a voulu faire trop souvent un épouvantail pour les élèves, et qui a servi de prétexte à une foule d'affreux petits traités, n'est , si nous osons nous exprimer ainsi, que le pont-aux-ânes de la grammaire française. Les travaux des grammairiens modernes ont si fort élucidé cette question, qu'il semblait impossible de rien faire de nouveau désormais. Aussi notre surprise a été grande en voyant dans un journal de Toulon une réclame , et quelle réclame ! en faveur d'un TRAITÉ NOUVEAU DES PARTICIPES publié par *M. Rossi, professeur de littérature et de philosophie, membre correspondant de la société gallicane de Paris.*

Dans cet opuscule où il y a de tout à propos des participes, l'auteur attaque indifféremment l'Université, les grammairiens, les professeurs ses confrères, et se déclare, de son autorité privée , le seul homme parfaitement compétent en fait de participes.

Il était naturel de penser que M. Rossi devait être bien sûr de soi , pour régenter ainsi tout le monde , et pour infliger une admonition publique à tous ses confrères , coupables tout au moins, suivant lui, d'une extrême négligence , sinon d'ignorance. Cependant si l'on parcourt sa brochure, on se convaincra facilement que la plupart des règles qui y sont contenues sont entièrement fausses , et qu'il n'en est pas UNE qui puisse échapper complètement à la critique. N'est-ce pas là quelque chose de profondément ridicule ?

Ce qui est encore plus plaisant, c'est que M. Rossi qui a . dit-il , apporté *la plus minutieuse précaution* à la rédaction de son œuvre, ait cru devoir faire coller à la dernière page un *errata* imprimé après coup , et faire même dans le corps de l'ouvrage des *corrections manuscrites*, qui prouvent surabondamment qu'il y a eu de sa part insuffisance de lumières ou négligence blâmable, et qu'un ami charitable lui a signalé quelques-unes de ses erreurs.

Il semble vraiment que Bescherelle ait eu en vue ce remarquable Traité, lorsque, en parlant du participe, *cette ressource consolante de l'ignorant pédagogue*, il dit :

« Doù vient que nos grammatistes ne dirigent pas leurs at-
» taques vers la théorie compliquée, difficile et importante de
» la préposition; vers l'emploi souvent embarrassant du sub-
» jonctif; vers la nature encore mal connue du verbe? C'est
» qu'il faut, même pour exprimer ses doutes, de la capacité,
» des connaissances, et, plus que tout cela, le désir et la
» volonté de s'éclairer; et la plupart de nos maîtres ne sont
» pas assez instruits pour *savoir qu'ils ne savent rien*.... Ce
» qu'ils savent, c'est qu'il existe dans la langue française un
» *petit mot* appelé *participe* sur lequel les meilleurs grammai-
» riens ne s'accordent pas; vite, ils s'en emparent. Tel savant
» a cru devoir se faire un système: ils s'en créent un aussi; la
» question était embrouillée : ils la compliquent davantage ;
» aux exceptions que présente une règle, ils ajoutent d'autres
» exceptions; ils ont enfin' leur *Traité des participes !* Et les
» voilà censurant avec orgueil ceux qui ne pensent pas comme
» eux, frayant une route nouvelle à leurs élèves qui, tout
» fiers d'être les seuls à écrire tel ou tel *participe*, de telle ou
» telle manière. bondissent de joie sur les bancs de la classe
» des *participes*....... »

Il nous en coûte certainement beaucoup de renverser le piédestal que M. Rossi s'est élevé de ses propres mains, et sur lequel il s'offre si complaisamment à l'admiration publique; mais que ne nous laissait-il dans le repos d'où nous ne demandions pas à sortir? Cela lui était très-facile, et nous regrettons sincèrement qu'il lui ait plu d'agir autrement, et de nous mettre ainsi en demeure de relever le gant qu'il nous a jeté d'une façon aussi insolite. En tous cas nous croyons faire une chose utile à nos élèves, et même aux siens, en publiant, nous aussi, un *Traité des participes*, plus complet, plus correct, et surtout plus logique.

L'étude des participes n'offre qu'une difficulté vraiment sérieuse : la distinction à faire entre le *participe présent* et *l'adjectif verbal*. M. Rossi a prudemment esquivé la difficulté et *a laissé au lecteur le plaisir de la solution.*

Une pareille lacune n'existe pas dans notre ouvrage.

M. Rossi cherche dans son propre fonds les exemples proposés comme application des règles qu'il mentionne, et il s'expose à nous servir des phrases de la force de celle-ci : « *La résolution que vous avez approuvée que j'allasse à la campagne* » ou de celle-ci : « *Nous nous sommes souvent entendu dire.* »

Tous nos exemples, au contraire, sont empruntés à des auteurs qui font autorité en matière de langue française. Nous ne croyons pas, comme M. Rossi, que nos plus grands écrivains, Corneille et Racine, par exemple, soient bons tout au plus à *être mis sous cloche*, comme des échantillons de momie. (1)

Ce n'est pas nous qui aurons jamais l'outrecuidance d'indiquer à l'Université ce qu'il serait convenable qu'elle exigeât de ceux qui se destinent à l'enseignement ; mais nous croyons fermement que la première condition pour pouvoir enseigner convenablement une langue vivante, c'est d'être regnicole ; car il est, dans la langue française surtout, des consonnances et des dissonnances de mots ainsi que des nuances délicates qu'une oreille étrangère ne saisira jamais qu'imparfaitement. (2)

---

(1) Voir la préface des ESSAIS POÉTIQUES de *Joseph Ansaldi*, page 9.

(2) Si notre opinion paraissait hasardée, nous nous appuierions sur l'autorité de Boileau qui trouvait que c'était *une étrange entreprise que d'écrire dans une langue étrangère*, et qui était persuadé *qu'on ne saurait bien écrire que sa propre langue.* L'opinion du *législateur du parnasse français*, doit, ce nous semble, être de quelque poids dans la balance.

Or, comment peut-on enseigner une langue lorsqu'on en ignore soi-même le mécanisme ? M. Rossi nous répondra, peut-être, ce qu'il a déjà dit dans une Préface, c'est-à-dire qu'il a des élèves qui DEVINENT ce même mécanisme. M. Rossi possède en cela un avantage dont nous le félicitons bien sincèrement.

Le Traité nouveau des participes de M. Rossi se vend chez tous les libraires DEUX francs; il se compose d'une feuille et demie d'impression. Chaque exemplaire du nôtre qui se compose de TROIS feuilles d'impression, ne coûte que SOIXANTE-QUINZE centimes. M. Rossi en faisant payer aussi cher un aussi mince volume, a peut-être prétendu nous donner une idée de la valeur morale de son ouvrage. Quelle éloquence alors dans ces chiffres !

L. C. MICHEL.

NIDERLINDER.

Ad. GRIZERY.

PRÉLIMINAIRES.

Avant d'exposer les simples règles sur lesquelles repose l'orthographe des participes, nous croyons nécessaire de rappeler aux élèves quelques notions indispensables à l'entière compréhension et à la parfaite application des règles des *Participes*.

DU SUJET.

Par sujet grammatical, et il ne peut être ici question de *cause* (1), on entend le mot dont le verbe exprime l'existence ou la manière d'être.

Exemples : *L'enfant* sage aime Dieu, *l'enfant* sage est aimé de Dieu.

Un moyen facile de reconnaître le sujet, c'est de faire la question *qui est-ce qui?* pour les personnes, et *qu'est-ce qui?* pour les choses ; le mot de la réponse indique le sujet.

---

(1) Nous faisons cette distinction ; mais nous n'osons entrer à ce sujet dans une critique du grammairien Bonneau ; les bornes d'un opuscule ne sauraient le permettre. Et puis, nous ne voudrions pas, à propos d'une question de grammaire, rappeler que, nous aussi, nous avons pâli sur des traités de philosophie. Nous laissons ce ridicule au professeur de philosophie devenu grammairien.

DU COMPLÉMENT.

Le complément appelé aussi *régime* , est un mot qui sert à développer une idée commencée, à compléter une signification ; de là son nom de complément.

Il y a deux sortes de compléments : le complément direct et le complément indirect.

1° Le *complément direct* est le mot qui reçoit directement l'action du verbe , celui qui en complète la signification sans le secours d'un mot intermédiaire.

Dieu tient le COEUR *des rois entre ses mains puissantes.*

Il répond à la question *qui?* pour les personnes , et *quoi?* pour les choses.

Les prépositions *à* et *de*, placées entre le verbe et le complé-ment , n'empêchent pas celui-ci d'être direct , s'il répond à la question *qui* ou *quoi?*

> *Met tout le monde contre soi ,*
> *Qui fait du* MAL *à tout le monde.*
>
> (DU CERCEAU.)

du mal est le complément direct , bien qu'il soit précédé de la préposition *de,* parce qu'il répond à la question *quoi?.. Qui fait.... quoi?* Réponse : *du mal.*

2° Le *complément indirect* est le mot qui reçoit indirecte-ment l'action du verbe, et qui en complète la signification à l'aide d'une préposition exprimée ou sous-entendue.

> *Vous médisez de tout le monde.*
>
> (Académie.)

Il répond à l'une des questions *à qui? de qui? par qui? à quoi? de quoi? par quoi?* etc.

DU PARTICIPE.

Le participe, ainsi que tous les grammairiens le définissent, est un mot qui tient ou qui participe de la nature du verbe et de celle de l'adjectif.

Il tient de la nature du *verbe*, quand il exprime une *action*.
Il tient de la nature de *l'adjectif*, quand il exprime *la qualité*, *l'état* de la personne ou de la chose dont on parle.

Il y a deux sortes de participes : le participe *présent* et le participe *passé*.

Le participe *présent* ajoute au mot auquel il se rapporte l'idée d'une action faite par ce mot ; il est terminé en *ant* et est toujours invariable. On le nomme *présent* parce qu'il exprime toujours une action présente relativement au temps indiqué dans la phrase.

Le participe *passé* ajoute au mot qu'il modifie l'idée d'une action reçue par ce mot ; il a différentes terminaisons : aimé, fini, couru, plaint, peint, surpris, écrit, fait, clos, etc. On lui donne le nom de participe *passé* parce que, comme *verbe*, il n'exprime jamais qu'une action passée.

DU PARTICIPE PRÉSENT.

Le participe présent est, avons-nous dit, toujours invariable. Mais il peut parfois paraître très-difficile de le distinguer de l'adjectif verbal qui est également terminé en *ant* et qui s'accorde comme les autres adjectifs avec le mot qu'il qualifie.

Cette difficulté sera surmontée si l'on considère que le *participe présent* exprime toujours une action passagère, accidentelle ou de courte durée, tandis que l'adjectif verbal exprime une aptitude, une qualité, une habitude, une disposition à agir plutôt qu'une action, ou même une action qui, par sa continuité, se transforme en état.

Ainsi si l'on veut peindre une action plus ou moins durable, c'est l'adjectif qu'il faut employer ; si, au contraire, on veut indiquer une action transitoire ayant une limite, il faut se servir du participe.

Racine que l'on peut toujours citer quand il s'agit de délicatesse de langage, dit dans Andromaque :

PLEURANTE *après son char, voulez-vous qu'on me voie,*
Mais, seigneur, en un jour, ce serait trop de joie.

Dans la même pièce il dit encore :

Et n'est-ce point , Madame, un spectacle assez doux ,
Que la veuve d'Hector , PLEURANT *à vos genoux.*

Dans le premier exemple Racine a voulu peindre une situation dont la durée est illimitée ; il a donc dû employer l'adjectif.

Dans le 2ᵐᵉ exemple, au contraire, il a voulu peindre Andromaque pleurant pendant un temps limité ; il a donc eu raison d'employer le participe.

Voici , au surplus , une règle qui nous paraît de nature à faire cesser toute incertitude.

On reconnaît ordinairement qu'un qualificatif en *ant* est adjectif verbal , quand on peut le remplacer par un qualificatif équivalent. Ainsi, dans le premier des exemples que nous venons de citer, *pleurante* peut être remplacé par *éplorée*, ce qui ne saurait avoir lieu dans le second exemple.

DU PARTICIPE PASSÉ.

RÈGLES FONDAMENTALES.

1ʳᵉ RÈGLE. Le participe passé employé nécessairement (1) avec l'auxiliaire être , exprimé ou sous-entendu , est adjectif verbal et s'accorde avec le sujet du verbe comme tous les autres adjectifs, quelle que soit la place de ce sujet. (2)

Exemples : *Ces serpents odieux de la littérature ,*
    ABREUVÉS *de poisons et rampants dans l'ordure ,*
    Sont toujours ÉCRASÉS *sous les pieds des passants .*
                 (VOLTAIRE.)

---

(1) Les verbes pronominaux étant construits par euphonie avec l'auxiliaire être , sont par conséquent en dehors de cette règle.

(2) La première règle fondamentale posée par M. Rossi , professeur de littérature et de philosophie , membre correspondant de la société gallicane

> *Vous pourrez voir, un temps, vos écrits* ESTIMÉS
> *Courir, de main en main, par la ville* SEMÉS ;
> *Puis de là, tout poudreux,* IGNORÉS *sur la terre,*
> *Suivre chez l'épicier Neuf-Germain et la Serre,*
> *Ou, de trente feuillets,* RÉDUITS *peut-être à neuf,*
> *Parer, demi-*RONGÉS, *les rebords du Pont-neuf.*
>
> (BOILEAU.)

> *C'est auprès de cette belle côte que s'élève dans
> la mer l'île où est* BATIE *la ville de Tyr.*
>
> (FÉNÉLON.)

EXCEPTION. — Les participes *attendu, excepté, vu, passé, ouï, y compris, ci-joint, ci-inclus, supposé, reçu, payé,* etc., placés avant le substantif auquel ils se rapportent, et employés sans auxiliaire, restent invariables, parce qu'ils tien-

---

de Paris, dans son traité nouveau des participes français, page 12, est conçue en ces termes :

« *Le participe* TOUT SEUL *s'accorde comme l'adjectif avec le mot auquel il se rapporte.* »

Si le participe est *tout seul,* avec quoi le fera-t-on accorder?

Exprimez donc, Monsieur, votre pensée plus clairement.

Mais ce n'est là qu'une question de forme. Abordons le fond.

Comment les élèves de M. Rossi écriront-ils le participe *bornés* dans la phrase suivante :

> *Et quand une fourmi bâtit des pyramides,*
> *Nos arts semblent* BORNÉS *et nos travaux timides?*   (DELLILE.)

Sans doute ils ne le feront pas accorder puisque ce participe n'est pas TOUT SEUL.

La deuxième règle posée par M. Rossi, ne vaut pas mieux.

« *Le participe conjugué avec le verbe être* TOUT SEUL, *c'est-à-dire sans être précédé d'aucun pronom régime, s'accorde.* »

D'après cette règle on devrait donc laisser le participe invariable dans cette phrase :

> *Là donc* NOUS *sont* PROPOSÉES *les profondeurs incompréhensibles de l'être divin, et la grandeur ineffable de son unité......*   (BOSSUET.)

attendu que le participe *proposées* n'est pas conjugué avec le verbe être TOUT SEUL, *puisqu'il est précédé du pronom régime* NOUS.

2

nent lieu de prépositions ou de locutions prépositives, ou plus exactement, parce que le verbe avoir est sous-entendu et qu'ils sont suivis du complément direct.

Ouï *les témoins*, c'est-à-dire : *après* AVOIR OUÏ *les témoins ;* REÇU *cent francs*, c'est-à-dire : J'AI REÇU *cent francs ;* VU *la loi du....* c'est-à-dire : *après* AVOIR LU *la loi du...* etc.

Quand ils sont placés après le substantif ils s'accordent, parce qu'ils sont employés comme adjectifs verbaux, et que le verbe être est sous-entendu. *Les témoins* OUÏS, c'est-à-dire : *les témoins* AYANT ÉTÉ OUÏS ; Exemples :

INVARIABLE.	VARIABLE.
EXCEPTÉ LA COUR qui s'élève quelquefois au-dessus des préjugés du vulgaire . il n'y a point un Egyptien qui voulut manger dans un plat dont un étranger se serait servi. (Voltaire).	Les traits des habitants de Bondou approchent de ceux des Européens, beaucoup plus que ceux des autres habitants de l'Ouest, *les Maures* EXCEPTÉS. (Albert-Montémont.)
Vous trouverez CI—JOINT LA COPIE *de la lettre de remercîment que M. C... m'a écrite.* (J.-J. Rousseau.)	voyé d'Angleterre par feu M. Collinson, avec la DESCRIPTION CI-JOINTE. Le dessin de ce couguar m'a été en- (Buffon.)
Vous trouverez CI—INCLUS COPIE *de ma lettre,* (Domergues.)	*Je vous recommande* LES CINQ LETTRES CI-INCLUSES. (Bernardin de Sᵗ-Pierre.)
Ce n'est que PASSÉ TROIS MOIS *que ces jeunes oiseaux poussent le rouge.* (Buffon.)	*Je fis l'effort ,* CES JOURS PASSÉS *, d'aller à la comédie du passé, du présent et de l'avenir.* (Voltaire.) (1)

(1) *Ces participes (excepté, supposé, joint, inclus, etc.) sont* TOUJOURS *invariables , lorsqu'ils précèdent immédiatement le substantif.* INCLUS *et* JOINT PRENNENT POURTANT L'ACCORD, *quand ils sont suivis d'un substantif déterminé par l'article.*

EXEMPLE. *Je vous ai envoyé ci-incluse la copie.* (*Traité nouveau des part.,* page 22.)

La remarque de M. Rossi sur *inclus* et *joint* est complètement fausse , ainsi que le prouvent les exemples ci-dessus de J.-J. Rousseau et de Domergues.

La vérité est que les participes qui font l'objet de cette règle sont TOUJOURS *invariables* quand ils précèdent le substantif.

2me Règle. Le participe passé employé avec l'auxiliaire *avoir* reste invariable, à moins qu'il ne soit précédé de son complément direct. Dans ce dernier cas , il s'accorde en genre et en nombre avec ce complément. (1)

Exemples : *Ton triomphe est parfait ; tous les coups* ONT PORTÉ.

(RACINE.)

Cette réflexion m'avait FAIT *quelque impression.*

(J.-J. ROUSSEAU.)

---

(1) Troisième règle du Traité de M. Rossi (page 12).

« *Le participe conjugué avec le verbe avoir ne s'accorde* JAMAIS , EXCEPTÉ
« *quand il est précédé de son régime direct exprimé par le, la, les, que,*
« *me, te, se, nous, vous ou d'un autre régime direct* MIS DEVANT PAR IN-
« TERROGATION. »

Trois bévues dans ce seul paragraphe. Permettez-nous, M. Rossi, de vous les signaler :

1° *Jamais* est un adverbe qui exprime une idée d'exclusion absolue ; si vous dites : *jamais*, vous n'admettez pas d'exception ; si vous admettez des exceptions vous ne pouvez pas dire : *jamais*.

2° Si le participe ne s'accorde , selon vous, que lorsqu'il est précédé des pronoms que vous mentionnez, ou d'un régime direct *mis devant par inter-rogation*, faites-nous le plaisir de nous dire s'il y a une faute contre la règle des participes , dans les phrases suivantes qui ne sont pourtant pas inter-rogatives :

Autant de lois il A FAITES , *autant de sources de prospérité et de bonheur il* A OUVERTES. (MARMONTEL.)

Nous ne savons si la matière raisonne où ne raisonne pas , et quelle sorte de petite intelligence Dieu A DONNÉE *aux bêtes.* (Mme DE SÉVIGNÉ.)

*Je sais combien de disputes j'*AI ESSUYÉES *en Angleterre sur notre ver-sification.* (VOLTAIRE.)

3° Vous écrivez *mis devant* pour *placé avant*. Mais ces deux prépositions peuvent-elles être employées l'une pour l'autre ? Ont-elles bien le même sens ? Croyez-vous , par exemple , que cette phrase : *le trône est* DEVANT *l'autel* , signifie la même chose que celle-ci : *le trône est* AVANT *l'autel ?*

Devant marque la situation et ne s'emploie guère que pour *en présence* , *vis-à-vis* ; il a pour opposé *derrière*. Or , dans ce cas , vous ne pouvez pas plus dire *mis devant*, que vous ne diriez *mis derrière*. Il fallait dire *placé avant*, car *avant* marque un rapport de temps , d'ordre , et a pour opposé *après* .

N'avons-nous pas eu raison de dire qu'il est des nuances délicates qu'une oreille étrangère saisit difficilement ?

> *La langue qu'ont* ÉCRITE *Cicéron et Virgile, était*
> *déjà fort changée du temps de Quintilien.*
>
> (BOILEAU.)

Dans le premier exemple, le participe *porté* est invariable parce qu'il n'a pas de complément direct.

Dans le deuxième, le participe *fait* est invariable parce qu'il est suivi de son complément direct *impression*. Enfin dans le troisième, le participe *écrite* est au féminin singulier parce qu'il est précédé de son complément direct *que*, remplaçant *langue*

REMARQUE. Lorsque le participe employé avec *avoir* est précédé de son complément direct, ce complément direct est toujours représenté par un des pronoms *que, le, la, les, me, te, se, nous, vous,* ou par un substantif précédé de *quel, que de, combien de,* ou de tout autre adverbe de quantité.

Quelquefois le substantif est sous-entendu après l'adverbe de quantité.

Ces deux règles fondamentales suffisent à la solution de toutes les questions relatives au participe passé. Cependant nous croyons devoir ajouter quelques développements pour faciliter aux élèves l'application de la seconde règle, la seule qui présente quelque difficulté.

PARTICIPES PASSÉS DES VERBES PRONOMINAUX.

Les verbes pronominaux, ainsi qu'on peut le voir dans toutes les grammaires, sont : ou essentiellement pronominaux ou accidentellement pronominaux.

Ils sont *essentiellement* pronominaux, lorsque le pronom complément fait partie essentielle du verbe, de telle façon que l'on ne peut le retrancher sans enlever toute signification au verbe (1).

---

(3) M. Rossi, professeur de littérature et de philosophie, et grammatiste par occasion, présente (page 12) comme essentiellement pronominaux les

Ils sont accidentellement pronominaux, lorsque le verbe conserve une signification après la suppression du pronom complément.

Le participe des verbes essentiellement pronominaux s'accorde avec le second pronom, qui est regardé comme complément direct.

Il n'y a d'exception que pour le verbe *s'arroger*, dont le second pronom est complément indirect.

Exemples. *J'estime après tout que ce sont des fautes dont ils ne se sont pas* souciés. (Boileau.)

Ils se *sont* arrogé *des droits.* (Girault Duvivier.)

Tels sont les droits qu'ils se *sont* arrogés. (*Idem.*)

Le participe des verbes accidentellement pronominaux suit la règle des verbes combinés avec l'auxiliaire avoir, c'est-à-dire qu'il s'accorde avec son complément direct s'il en est précédé, et qu'il reste invariable s'il en est suivi ou s'il n'y a point de complément de cette nature.

Exemples. *Les Romains s'étaient* faits *à la discipline.* (Montesquieu). —

Les hommes se sont fait *des canons et des bayonnettes pour se détruire.* (Voltaire.)

On ne voudra jamais croire à la rapidité avec laquelle les événements se sont succédé. (Cité par Lequien.) (1)

---

verbes *s'entêter*, *s'apitoyer*, *se rendre maître*, *s'écouler*, *s'émerveiller* et *s'embusquer*, sans s'apercevoir qu'il viole, en parlant ainsi, la règle qu'il établit lui-même une ligne plus bas. En effet, on peut dire : *Qui est-ce qui vous* a entêté *de cet homme là, de ce système ?* (Académie.)

Rien ne peut l'apitoyer *sur son sort.*	Id.
La trahison les a rendus *maîtres de la place.*	Id.
Ce manufacturier a écoulé *ses produits.*	Id.
Cela a émerveillé *tout le monde.*	Id.
Il embusqua *une partie de sa troupe dans un bois voisin.*	Id.

Ces verbes ne sont donc pas *essentiellement* pronominaux.

(4) Ainsi qu'on l'a vu ci-dessus, une seule remarque suffit pour déterminer l'orthographe du participe passé des verbes pronominaux,

Cependant M. Rossi, préjugeant mal du jugement de ses élèves, a cru

Remarque. Plusieurs grammairiens regardent les verbes *se plaire* et *se déplaire* comme pouvant être employés activement, et en font accorder les participes quand il n'y a pas de réciprocité, c'est-à-dire quand l'action ne

---

devoir délayer cette règle unique dans NEUF règles particulières dont la plupart, néanmoins, loin d'aider à des intelligences un peu rebelles , ne peuvent que les fourvoyer en leur donnant des notions tout-à-fait fausses.

Suivons pas à pas notre savant adversaire dans le dédale de ses règles , de ses exceptions, de ses observations et de ses remarques.

1° *Le participe des verbes essentiellement pronominaux s'accorde* TOUJOURS. (Traité nouveau des part. , page 13.)

Il ne s'accorde pas toujours puisque le verbe essentiellement pronominal *s'arroger* fait exception à cette règle. Il est vrai que M. Rossi en a fait, page 16 , un verbe accidentellement pronominal. D'où il résulterait que le verbe *arroger* est français. Quel barbarisme !

Les participes des verbes SE DOUTER, *se taire s'accordent toujours comme* ESSENTIELLEMENT *pronominaux.* (Traité nouveau des part., page 14.)

Il en est de même de, se PROMENER, *se* PRÉVALOIR, *s'*APERCEVOIR, *se* PLAINDRE, *s'*ÉCHAPPER, *se* JOUER, *se* GLORIFIER. *se* VANTER, *se* SERVIR. (Page 14.)

Il est fâcheux pour les élèves de M. Rossi que dans cette énumération de verbes pronominaux il n'y en ait pas UN qui le soit ESSENTIELLEMENT , bien qu'ils soient tous présentés comme tels.

2° *Se persuader suivi de que ne s'accorde* JAMAIS *au participe.* (Traité nouveau des part., page 14.)

D'une part cela n'est pas très-correct, et d'autre part cette règle est fausse : car on trouve dans Buffon , dans Boileau et dans Laharpe des exemples du participe de ce verbe avec accord , malgré la conjonction *que.*

Exemple : *Ils se sont persuadés que cela leur suffit.* (Buffon.)

Il est vrai que M. Rossi fait, trois lignes plus bas , l'accord de ce participe facultatif ; mais alors pourquoi poser une règle aussi absolue ?

3° *Les participes des verbes se* RAPPELER , *s'*IMAGINER , *se* FIGURER , *sont* TOUJOURS *invariables ,* A MOINS QU'*ils ne soient précédés des pronoms le , la , les , que , ou du régime direct , placé* DEVANT *par interrogation.* (Traité nouveau des part., page 14.)

Remarquons encore une fois, et pour n'y plus revenir , la reproduction de ces locutions contradictoires et impératives , *toujours , jamais , à moins que ,* qui décèlent , soit dit sans blesser personne , quelque chose de plus fâcheux que l'ignorance de la langue.

D'après la règle établie par M. Rossi , le participe de s'imaginer précédé du relatif *que , s'accorde toujours.*

se porte pas d'une personne sur une autre , comme dans l'exemple suivant:
ces dames se sont plues à me vexer; tandis qu'ils écrivent sans accord :

Cependant tout le monde n'écrirait-il pas avec Boniface :
Les entreprises qu'elle s'est ımaginé *devoir réussir ont complètement
échoué?*

On n'a pas imaginé les entreprises, on a imaginé *qu'elles devaient réussir.*
Le participe doit donc rester invariable puisqu'il est suivi de son complément direct.

Cette troisième règle est donc *fausse* encore.

4° *Le participe de ce verbe (se dire) ne s'accorde* jamais a moins *qu'il
ne soit suivi d'un mot servant d'attribut au pronom.* (Traité nouveau des
part., page 14.)

Nota. Ici se place la plus importante des corrections manuscrites dont
nous avons parlé dans notre préface. Telle qu'elle est posée ci-dessus ,
cette règle est complètement fausse. M. Rossi l'a compris trop tard , et a
ajouté à la plume ces mots : *Le participe de ce verbe précédé de le, la, les,
que , suit la règle générale : accord.*

Nous pourrions demander quelle est cette règle générale ; mais nous nous
bornerons à conseiller au judicieux professeur de littérature et de philosophie de compléter sa rectification en ajoutant, après le, la , les, que , ces
mots : *ou d'un complément direct exprimé par un adverbe de quantité ;*
car sans cette addition, qui lui coûtera fort peu, ses élèves écriraient avec
le participe invariable les phrases analogues à celle-ci :
Quelles dures vérités ils se sont dites.   (Poitevin.)

5° *Le participe de ce verbe (se mettre en tête) ne s'accorde* jamais a
moins qu'il *ne soit précédé des pronoms le, la, les, que.* (Traité nouveau
des part., page 14.)

Nous ferons observer en premier lieu à M. Rossi que *se mettre en tête*
n'est pas français , bien qu'il se trouve dans le dictionnaire de Bescherelle.
Ce mot n'a pour lui que l'usage du peuple ; les gens qui parlent bien disent
avec les bons écrivains : *se mettre dans la tête.*

Exemple : *Pourquoi s'est-on mis* dans la tête *que celui qui remplace
un académicien doit le louer en tout et outre mesure?*   (La Harpe.)

En second lieu , M. Rossi a oublié dans cette règle, suivant sa coutume ,
de parler du complément direct exprimé par un adverbe de quantité.

En troisième lieu, enfin, n'est-ce pas une puérilité que de faire pour un
verbe seul une règle qui revient à ceci :

Le participe de ce verbe *s'accorde quand il est précédé de son complément direct.*

Que ne faites-vous une règle pour chacun des six mille verbes de la lan-

ces dames se sont *plu à la première vue*, parce qu'elles ont plu à elles.
Cette distinction n'est pas généralement adoptée.

Si nous osions émettre un avis nous dirions que l'accord dans le 1er de

---

gue française? C'est alors que vous pourriez vous flatter d'avoir vraiment fait
du neuf.

6° *Le participe de* s'ACCORDER *signifiant* SE DONNER, *reste invariable, à
moins qu'il ne soit précédé de le, la, les, que.* (Traité nouv. des part., p. 15.)
Toujours la même lacune!

Comment M. Rossi, fera-t-il écrire cette phrase :

Combien d'éloges vous vous ÊTES ACCORDÉS *sans les avoir mérités!*

Le participe *accordés* n'est précédé d'aucun des pronoms le, la, les, que;
cependant il est évident qu'on doit le faire accorder.

7° *Le participe de ce verbe (se servir) employé pronominalement s'accorde toujours.* (Traité nouveau des part., page 15.)

D'après cette règle on devrait écrire :

Cette personne s'est SERVIE *un rafraîchissement* (pour s'est servi).

En décomposant la phrase grammaticalement, on dirait :

Cette personne a servi un rafraîchissement à elle; donc, dans ce cas, le
participe de *se servir* est incontestablement invariable, puisque le complément direct *rafraîchissement* est placé après.

8° *Le participe du verbe se* PROPOSER *suivi de* POUR *s'accorde* TOUJOURS.
(Traité nouveau des part., page 15.)

Voilà un nouvel exemple du danger de multiplier les exceptions et de poser
des règles particulières absolues. Si l'on en croyait M. Rossi, il y aurait une
faute dans la phrase suivante :

Ils ne s'y sont PROPOSÉ *pour exemple que la constitution la plus simple
des anciens.*   (VOLTAIRE.)

Nous laissons à nos lecteurs le soin de décider qui a raison de M. Rossi
ou de Voltaire.

9° *Parfois le verbe pronominal est employé dans un sens passif; en
ce cas il faut l'accord. Ceci a lieu lorsque le sujet ne fait pas l'action sur
lui-même, et qu'il représente un objet* INANIMÉ. (Traité nouv. des part., p.13.)

D'où il résulte que si le sujet ne fait pas l'action sur lui-même et qu'il représente un objet *animé*, l'accord n'a pas lieu. L'élève ferait donc une faute
de grammaire s'il écrivait avec accord :

Des professeurs se sont RENCONTRÉS *qui ne savaient pas les langues qu'ils
enseignaient.*

Cependant SE SONT RENCONTRÉS est mis pour *ont été rencontrés*. C'est
donc un verbe pronominal passif, bien que le sujet soit un objet *animé*.

Pour édifier complètement le lecteur sur la valeur de la règle que nous ces exemples est justifié par le sens même de la phrase. Nous savons bien qu'on nous objectera que l'on ne peut pas dire *plaire quelqu'un* et que par conséquent le pronom *se* ne peut être complément direct. Cela est vrai ; mais on ne dit pas non plus *taire quelqu'un*, *douter quelqu'un*, cependant personne ne songe à blâmer cette phrase de Vertot :

Tous les Romains se sont TUS *devant moi*, ni celle-ci de l'Académie : *Elle s'en est* DOUTÉE.

Remarque. Lorsque, dans un verbe pronominal, l'analyse ne permet pas de remplacer le verbe *être* par le verbe *avoir*, il faut faire accorder le participe avec le sujet du verbe :

> *Jamais la guerre avec tant d'art*
> *Ne* S'EST FAITE *parmi les hommes,*
> *Non pas même au siècle où nous sommes.*   (Lafontaine.)

On ne peut pas dire, *la guerre a fait elle avec tant d'art*; mais on peut dire, *la guerre a été faite*, etc. : par conséquent accord avec le sujet *guerre*.

PARTICIPES DES VERBES NEUTRES.

Parmi les verbes appelés *neutres* par la plupart des grammairiens, il en est qui se conjuguent avec l'auxiliaire *être* ; d'autres se conjuguent avec l'auxiliaire *avoir*, quelques-uns

---

critiquons, nous citerons encore deux phrases où le sujet du verbe *pronominal passif* est un nom de *chose animée* :

Quand le médecin est venu, cette femme s'est TROUVÉE *morte.*
                    (MM. DE PORT-ROYAL.)

Cette femme s'est trouvée innocente.   (D'OLIVET.)

Ces deux exemples sont puisés dans une grammaire que nous engageons fortement M. Rossi à lire souvent s'il veut bien connaître ses participes, celle de Girault-Duvivier. Bien qu'il en parle en termes un peu dédaigneux, nous sommes persuadés qu'il ne l'a jamais lue ou que, s'il l'a lue, il ne l'a pas comprise. Au surplus la *critique* de M. Rossi ne tire pas beaucoup à conséquence ; c'est le pygmée s'attaquant au géant.

enfin se conjuguent tantôt avec *être* et tantôt avec *avoir*, selon qu'ils expriment un *état* ou une *action*.

Les participes des verbes conjugués avec l'auxiliaire *être*, suivent la première règle fondamentale ; c'est-à-dire qu'ils s'accordent avec le sujet : (1)

Tous les maux sont venus de la triste Pandore. (Voltaire.)

Les participes des verbes neutres conjugués avec l'auxiliaire *avoir* , suivent la seconde règle fondamentale, c'est-à-dire qu'ils restent invariables à moins qu'ils ne soient employés *activement* ; dans ce cas ils s'accordent avec leur complément direct lorsque celui-ci est placé avant le participe. (2)

Quels dangers n'a pas COURUS *l'Autriche pendant la tempête de vingt ans qu'elle a essuyée !* (De Pradt.)

---

(1) Les *participes des verbes* SORTIR, VENIR, PARVENIR, SURVENIR, ARRIVER, TOMBER, NAÎTRE, *s'accordent* TOUJOURS. *(Traité nouveau des part.,* page 12.)

Indépendamment de ce que vous établissez une exception qui contredit votre ridicule *toujours*, il est faux que les participes des verbes *sortir* et *tomber* s'accordent toujours ; car lorsque ces participes sont conjugués avec *avoir*, ils restent invariables s'ils ne sont pas précédés de leur complément direct.

Nous avons SORTI *les plantes de la terre.*   (BESCHERELLE.)
La pluie a TOMBÉ *à verse il y a dix jours.*   Id.

    Où serais-je, grand Dieu, si ma crédulité
    Eût TOMBÉ dans le piège à mes pas présenté.   (VOLTAIRE.)

Écririez-vous, M. Rossi, les participes *tombé* et *sorti* avec accord , dans ces trois exemples ?

Ne pensez-vous pas maintenant , avec nous, qu'avant de faire une *remarquable* critique des autres grammairiens, vous auriez dû mettre en pratique ce précepte de Boileau :

    Soyez-vous à vous-même un sévère critique ?

(2) COURIR, PARLER, DANSER, *peuvent avoir parfois un sens actif et par conséquent susceptible d'accord. (Traité nouveau des part.,* page 13.)

Dites : ont *parfois un sens actif*; car s'ils ne l'ont pas toujours , ils peuvent toujours l'avoir au besoin.

Qu'est-ce, s'il vous plaît, qu'un *sens susceptible d'accord ?*

Les participes passés des verbes *aider*, *applaudir*, *comman-der*, *fuir*, *insulter*, *manquer*, *servir*, et quelques autres, qui, selon le sens, ont un complément direct ou un complément indirect, sont tantôt *variables*, tantôt *invariables*. (1)

Le dîner nous attendait, et l'on nous a SERVIS *avec empres-sement.* (Poitevin.)

Vous avez fait de grandes fautes ; mais elles vous ont SERVI *à vous connaître.* (Idem.)

Tous les dictionnaires donnent les différentes significations de ces verbes.

Remarque. Les pronoms *le*, *la*, *les*, *que*, et l'adverbe de quantité *combien de* sont quelquefois employés avant les par-ticipes avec ellipse de la préposition *pendant*. Dans ce cas ces mots ne sont pas compléments directs, ils sont compléments de la préposition sous-entendue ; par conséquent le participe doit rester invariable : (2)

---

(1) *Remarque. Le participe de ce verbe (servir) reste invariable lors-qu'il a pour sujet un nom de chose* INANIMÉE. *(Traité nouveau des part.,* page 15.)

Est-ce du participe conjugué avec *avoir* ou du participe conjugué avec *être*, que M. Rossi entend parler dans cette remarque? Rien n'indique que ce soit l'un plutôt que l'autre qu'il a eu en vue.

Au surplus la règle est fausse dans les deux cas. Deux exemples vont ser-vir à le prouver.

1° PARTICIPE CONJUGUÉ AVEC ÊTRE : *Les mets seraient* SERVIS *sans ordre, l'appétit dispenserait des façons.* (J.-J. ROUSSEAU.)

2° PARTICIPE CONJUGUÉ AVEC AVOIR : *Il est vrai que la nature l'a mer-veilleusement* SERVIE, *et qu'elle lui doit une partie de ses succès.*

(DE JOUY.)

Voilà deux phrases où le participe prend l'accord bien que le sujet soit un nom de chose *inanimée*.

(2)   *Les heures qu'elle a dormi.*
        Les années qu'elle a vécu.

Dans ces deux cas, DORMI *et* VÉCU *sont invariables parce que le pronom* QUE *est un* FAUX *régime mis pour* PENDANT LESQUELLES. *(Traité nouveau des part.,* page 13.)

Que de bien n'a-t-elle pas fait pendant le peu de jours QU'*elle a* RÉGNÉ ! (Fléchier.)

Pendant lesquels jours elle a régné.

On croira que ces huit jours me durèrent huit siècles ; tout au contraire, j'aurais voulu qu'ils LES *eussent* DURÉ. (J.-J. Rousseau.)

J'aurais voulu *qu'ils eussent duré pendant huit siècles.*

Qui pourrait dire COMBIEN *de siècles a* VÉCU *celui qui a beaucoup senti et médité ?* (De Meilhan.)

Qui pourrait dire *pendant combien de siècles a vécu.......*

PARTICIPES *coûté, valu, pesé.*

Les participes des verbes *coûter, valoir, peser,* au sens propre comme au sens figuré, s'accordent avec leur complément direct lorsqu'ils en sont précédés.

EXEMPLES : QUE *de soins m'eût coûtés cette tête charmante !*

(Racine.)

Qu'est-ce qu'un FAUX RÉGIME ? Serait-ce par hasard ce que les autres grammairiens appellent un *complément circonstanciel ?*

Les 18 ans que Louis-Philippe a régné, il LES *a régné dans la paix. (Traité nouveau des part.,* même page.)

Il semble au premier aspect que cette phrase barbare que M. Rossi fait suivre d'une explication inintelligible, est autorisée par l'exemple ci-dessus de J.-J. Rousseau. Cependant il y a entre ces deux phrases la distance qui sépare un style élégant et fleuri d'un style lourd et pâteux.

Croyez-vous, M. Rossi, parce que l'on dit bien,

Les trois ans QUE *j'ai* VOYAGÉ *m'ont procuré du plaisir.*

Les huit jours QU'*elle a* SOUFFERT *avec courage.*

Les deux heures qu'il a PARLÉ *ont paru courtes à ses auditeurs ;*

Croyez-vous, disons-nous, que l'on puisse dire également bien,

Les trois ans que j'ai voyagé, je LES *ai* VOYAGÉ *avec plaisir.*

Les huit jours qu'elle a souffert, elle LES *a* SOUFFERT *avec courage.*

Les deux heures qu'il a parlé, il LES *a* PARLÉ *avec éloquence ;* etc. ?

Voilà cependant ce que vous autorisez.

Avouez que les élèves à qui vous enseignez un pareil langage doivent faire un singulier cours de littérature et ne peuvent manquer de devenir des écrivains distingués.

Cinquante familles seraient riches des sommes QUE *celle maison a* COUTÉES. (De Théis.)

Les millions QUE *Versailles a* COUTÉS *à Louis XIV.* (Bescherelle.)

Voilà la charmante réception QUE *mon costume m'a* VALUE.
(Jacquemart.)

Les cent louis QUE *ce cheval a* VALUS. (Bescherelle.)

Vous dites que ce paquet pèse trente kilogrammes? Il ne LES *a jamais* PESÉS. (Vanier.)

Remarque. Quelques grammairiens enseignent encore que les verbes *coûter*, *valoir*, *peser* doivent être regardés comme *actifs* ou *neutres* selon le sens; savoir : COUTER neutre quand il signifie *acheter à un certain prix*, et actif dans le sens d'*occasionner*; VALOIR neutre quand il signifie *avoir une certaine valeur*, et actif dans le sens de *procurer*; PESER neutre quand il signifie *avoir un certain poids*, et actif dans le sens de *constater le poids*; d'après ce principe, il faudrait écrire sans accord :

Les cent francs que cet ouvrage a COUTÉ.
La somme que cette bibliothèque a VALU.
Les cent livres que ce ballot a PESÉ.

Suivant les grammairiens dont nous parlons il y a, dans chacune de ces phrases, ellipse d'une des prépositions *moyennant, pour, avec*, dont le *que* qui précède les participes est le complément.

Mais il y a si peu d'analogie entre ces expressions et celles qui font l'objet de la remarque précédente, que, selon l'expression de Boniface, la phrase sans ellipse ne serait pas française, et qu'on peut douter même qu'elle l'ait jamais été.

Ces verbes *coûter*, *valoir*, *peser*, sont donc entièrement passés à l'état de verbes actifs, et leurs participes doivent être orthographiés comme tels. C'est là d'ailleurs l'opinion de la plupart des grammairiens modernes et de la société grammaticale de Paris (ne pas confondre avec la société gallicane) qui ont adopté la règle que nous avons établie ci-dessus.

Au surplus, comment ceux qui adoptent la règle contraire expliqueraient-ils l'accord dans cette phrase où le sens propre et le sens figuré sont réunis : *Les trois mille francs et les peines que mon jardin m'a coûtés?* (1)

---

(1) Si M. Rossi s'était borné à se ranger du côté de ceux qui soutiennent une opinion contraire à la nôtre, relativement aux verbes *coûter* et *valoir*, nous ne lui eussions pas fait une querelle à cet égard, mais il a le don d'em-

PARTICIPES PASSÉS DES VERBES IMPERSONNELS.

Le participe des verbes impersonnels ou employés impersonnellement est toujours invariable.

Quand le participe des verbes impersonnels est conjugué avec *être*, il s'accorde avec son sujet *il*; c'est pourquoi il conserve la forme invariable, qui est, en français, celle du masculin singulier.

QUE DE MAUX *il en est déjà* RÉSULTÉ *!* (Bescherelle.)

Quand le participe des verbes impersonnels est conjugué avec *avoir*, il n'a pas de complément direct et reste invariable.

QUE *de temps, que de réflexions, n'a-t-il pas* FALLU *pour épier et connaître les besoins, les écarts et les ressources de la nature.* (Barthélemy.)

Rappelez-vous, Athéniens, toutes les humiliations qu'il vous en a COUTÉ *!* (Voltaire.)

La raison en est que dans ces phrases le *que* qui précède le participe n'est le complément d'aucun verbe; c'est un galli-

---

brouiller toutes les questions qu'il traite et de les rendre inintelligibles. On en jugera par la règle suivante et les exemples qui l'accompagnent :

Dans le cas où il est question d'argent ou de valeur, le participe reste toujours invariable, le verbe ayant un sens neutre. (Traité nouveau des participes, page 21.)

Exemple : *Les sommes que ce cheval m'a valu, m'a coûté.*

REMARQUE. *Ne confondez pas le cas précédent avec le cas suivant où il faut l'accord.*

Exemple : *Les mille francs de rente que cette campagne m'a valus.*

Est-ce qu'il ne s'agit pas ici *d'argent, de valeur?* et M. Rossi ne devrait-il pas *rendre* le participe invariable, pour être conséquent avec la règle posée par lui ?

Il est vrai que demander de la logique à M. Rossi, ce serait demander de la musique à un sourd et des couleurs à un aveugle.

cisme, c'est-à-dire une expression dont on ne peut rendre compte (1).

On reconnaît qu'un verbe est employé impersonnellement, lorsque le mot *il* ne remplace aucun mot exprimé dans la phrase.

Le participe passé du verbe *être* est toujours invariable. *Il* a ÉTÉ, *elle a* ÉTÉ, *elles ont* ÉTÉ.

PARTICIPES PASSÉS SUIVIS D'UNE PROPOSITION.

Le participe passé suivi d'une proposition, suit la règle générale des participes combinés avec l'auxiliaire *avoir*, c'est-à-dire qu'il reste invariable si la proposition qui le suit en est le

---

(1) *Le participe des verbes impersonnels est toujours invariable.*

Exemple : (SIC) *Les chaleurs qu'il y a eu.*
Il s'est glissé une erreur dans cet ouvrage.
Les peines qu'il a fallu.
Les larmes qu'il en a coûté.

1° REMARQUE. *Dans ce dernier exemple,* COUTER *signifie* CAUSER *et le participe devrait s'accorder, mais comme il est employé impersonnellement, il reste invariable.* (Traité nouveau des participes, page 15.)

Puisque vous avez dit que *le participe des verbes impersonnels est toujours invariable,* il était inutile de faire cette remarque qui peut d'ailleurs se rapporter aussi bien au 2° exemple qu'au dernier.

2° REMARQUE. *Si devant le verbe impersonnel, il y avait un nom ayant un sens interrogatif, il n'y aurait rien de changé, et le participe resterait invariable.* (Traité nouveau des participes, même page et même règle.)

Nous prendrons (en nous servant de l'élégante expression de M. Rossi, lui-même, (Voir *Traité nouveau des participes,* page 6), nous prendrons disons-nous, *la liberté grande de lui adresser cette humble question.*

Qu'est-ce qu'un nom ayant un sens interrogatif ?

Nous avouons ne pas comprendre cette locution ; nous avons cru jusqu'ici et nous croirons encore, jusqu'à preuve contraire, que c'est la construction de la *phrase* qui donne à celle-ci un *sens interrogatif* ou tout autre, et nous ne pensons pas qu'il existe un seul nom qui ait, par lui-même, un sens interrogatif.

complément direct, et qu'il s'accorde avec son complément direct, malgré la proposition qui le suit, s'il est précédé d'un complément direct.

EXEMPLES. *Ce sont des choses que j'ai* PENSÉ *que vous feriez.* (Boniface.)

J'ai pensé . . . . quoi? Que vous feriez. . . . .

La lettre que j'ai PRÉSUMÉ *que vous recevriez, est enfin arrivée.* (Marmontel.)

J'ai présumé . . . . quoi? Que vous recevriez. . . . .

Les propositions *que vous feriez* et *que vous recevriez* sont de véritables compléments directs des participes *pensé* et *présumé*.

Vos amis que j'ai PERSUADÉS *que vous étiez mort, le croient encore.*

J'ai persuadé . . . . qui? — Lesquels (vos amis.)

Vos parents que j'ai PRÉVENUS *que vous ne travaillez pas, sont courroucés contre vous.*

J'ai prévenu : . . . qui? — Lesquels (vos parents.)

Dans les deux derniers exemples, le complément direct représenté par *que*, précède le participe et l'accord doit avoir lieu.

OBSERVATION. Il faut éviter autant que possible ces sortes de constructions qui rendent le style lourd et embarrassé. On dirait mieux : *J'ai persuadé à vos amis que vous étiez mort, et ils le croient encore. — Vos parents, que j'ai prévenus de votre négligence, sont courroucés contre vous.* (1)

---

(1) *La résolution que vous avez approuvée* QUE J'ALLASSE *à la campagne.* (Traité nouveau des participes, page 6.)

C'est ce français là que vous enseignez à vos élèves? par pitié! M. Rossi, ménagez nos oreilles. Si c'est le latin qui vous donne de si jolies tournures de phrases, c'est une perfidie de conseiller qu'on en prescrive l'étude aux instituteurs.

M. Rossi semble avoir pris pour modèle la phrase suivante de Wailly, citée par Bescherelle : *les mathématiques que vous n'avez pas voulu que j'étudiasse, sont cependant fort utiles.* Seulement il faut avouer qu'il n'est

ELLIPSE DE LA PROPOSITION SERVANT DE COMPLÉMENT DIRECT.

Si la proposition qui sert de complément direct au participe est sous-entendue, le participe est toujours invariable.

Exemple : *S'il avait demandé M. de Fontenelle pour examinateur, je lui aurais fait tous les vers qu'il aurait* VOULU (QUE JE LUI FISSE). (Voltaire.)

La même chose a lieu si la proposition est remplacée par le pronom *l'*.

Exemple : *Triomphez, hommes lâches et cruels, votre victoire est plus grande que vous ne L'avez* CRU, *(que vous n'avez* CRU QU'ELLE ÉTAIT GRANDE). (1) (La Harpe.)

---

pas heureux dans ses imitations; car la phrase de Wailly, quoique peu harmonieuse, est correcte sous le rapport grammatical. Il n'en est pas de même de celle de M. Rossi. En effet, pour que celle-ci fût bonne, il faudrait qu'en retranchant l'incidente, le reste de la phrase offrit un sens complet. Or si l'on enlève *que vous avez approuvée*, il reste : LA RÉSOLUTION QUE J'ALLASSE A LA CAMPAGNE, proposition si peu française, que nous donnerions un *pensum* à celui de nos élèves qui en construirait une semblable.

(1) *Tout participe précédé d'un* QUE *et d'un* COMPARATIF *demeure invariable*. EXEMPLE : *L'affaire fut moins sérieuse que je ne l'avais pensé. Dans cette phrase le* QUE *est regardé comme conjonction.* (Traité nouveau des participes français, page 16.)

Que de choses à reprendre dans ce peu de mots!

1° Le participe précédé d'un *que* et d'un comparatif n'est pas toujours invariable. EX. : *J'ai réalisé mes projets, et les affaires moins sérieuses* QUE *vous avez* ENTREPRISES, *ne réussiront pas.* Pour ne pas se trouver en défaut M. Rossi, professeur de littérature et de philosophie, aurait dû dire : *Tout participe précédé d'un que et d'un comparatif demeure* TOUJOURS *invariable,* A MOINS QUE......

2° On ne dit pas *regardé comme conjonction*; le génie de la langue exige : *regardé comme une conjonction.*

3° Le *que* qui suit le comparatif n'est pas TOUJOURS une *conjonction* comme le prétend M. Rossi, en deux endroits de son *Traité* (voir page 11.) Dans la

PARTICIPES PASSÉS PRÉCÉDÉS DE DEUX SUBSTANTIFS ET NE DEVANT S'ACCORDER QU'AVEC UN SEUL.

Lorsqu'un participe passé est précédé 1° de deux substantifs unis par la préposition *de*, 2° d'un collectif ou d'un adverbe de quantité accompagné de son complément, 3° de *un de* ou *un des*, suivi d'un substantif pluriel, il s'accorde avec le mot, substantif, ou collectif, ou adverbe de quantité, etc., avec lequel il est le plus en rapport d'idée.

ACCORD AVEC LE PREMIER MOT.	ACCORD AVEC LE SECOND MOT.
Ce mal était devenu nécessaire dans une ville immense, opulente et oisive, où une *partie* des citoyens était sans cesse *occupée* à accuser l'autre. (Voltaire.) Comment pourrai-je, madame, arrêter ce *torrent* de larmes *que* le temps n'a pas *épuisé*, *que* tant de sujets de joie n'ont pas *tari*? (1) (Bossuet.)	On voit qu'ils eurent dans leur langue un mélange harmonieux de *consonnes* douces et de *voyelles* qu'aucun peuple de l'Asie n'a jamais *connues*. (Voltaire.) Quels miracles un petit nombre de *soldats*, *persuadés* de l'habileté de leur général, ne peuvent-ils pas enfanter? (Châteaubriand).

phrase ci-dessus : *J'ai réalisé mes projets*, etc. le mot *que* est mis pour *lesquelles*; c'est donc un pronom relatif et non pas une conjonction.

Poursuivons l'analyse de cette règle si fertile en idées *neuves*.

Si à la place du pronom invariable LE, *on trouve les pronoms* LE, LA, LES, QUE, *représentant une* PERSONNE *et un régime direct, le participe s'accordera.* (Traité nouveau des participes, page 16.)

Il résulte de cette remarque que si les pronoms *le, la, les, que* représentent une *chose* au lieu d'une *personne*, le participe ne s'accordera pas.

Cependant jamais personne ne s'est avisé de trouver une faute dans la phrase suivante : *La scène de la conspiration me paraît une* DES PLUS BELLES *et des plus fortes qu'on ait* encore VUES au théâtre.   (Voltaire.)

Le pronom *que* ne représente pas une *personne*, il représente une *chose*, cependant l'auteur a fait accorder le participe *vues* avec le substantif que ce pronom représente.

M. Rossi pense-t-il que ce soit par erreur?

(1) *Lorsque le participe est précédé d'un collectif général, c'est ce collectif qui détermine l'accord et non pas son complément. A moins que le collectif*

C'est ce qui me paraît difficile à décider, à cause du *peu* de renseignements *que* nous ont *laissé* les anciens. (Buffon.)

Déjotanus gagne le port de Phasète, petite ville où il n'a point à craindre le peu *d'habitants que* la guerre y a *laissés*. (Marmontel.)

Jamais *tant* de vertu n'a été *réuni* à tant d'intelligence. (Ch. Nodier.)

Jamais tant de *savants* ne furent *immolés*. (Voltaire.)

Comment s'est *éclipsé tant* de gloire? (Volney.)

Jamais tant de *vertu* fut-elle *couronnée?* (Racine.)

Un de vos valets *que* j'ai *rencontré*, m'a annoncé votre départ. (Bescher.)

C'est une des plus grandes *fautes que* la politique ait jamais *faites*. (De Pradt.)

C'est *une* des pires éditions *que* vous avez *achetée*. (Id.)

Vous êtes un des plus absurdes *barbouilleurs* de papier qui se soient jamais *mêlés* de raisonner. (Voltaire.)

---

général ne soit employé par EXAGÉRATION : *en ce cas l'accord du participe se fait avec le complément du collectif. Ex. : Ce torrent de larmes qu'il a* ESSUYÉES. (Traité nouveau des participes, page 23.)

N'est-ce que dans le cas où il y a *exagération* que le participe s'accorde avec le complément du collectif? Nous n'en voyons aucune dans la phrase suivante qui est cependant correcte : *Que voit-il, le pêcheur, dans cette longue suite de* jours *qu'il a* PASSÉS *sur la terre?* (Massillon.)

Si le collectif exprime un tout BIEN PRÉCIS, BIEN DISTINCT, BIEN DÉTERMINÉ, *l'accord se fait avec le collectif (partitif) et non avec son complément.* (Traité nouv. des part., page 23.)

Encore une des règles dont ce remarquable traité fourmille, et qui ne peuvent résister à l'analyse la moins rigoureuse.

Une FOULE *d'écrivains s'est* ÉGARÉE *dans un style recherché, violent, inintelligible, ou dans la négligence totale de la grammaire.* (Voltaire.)

Une *foule* n'exprime pas *un tout bien précis, bien distinct, bien déterminé*, et cependant l'accord du participe *égarée* avec le *collectif* est régulier.

Le participe précédé d'un QUE *et d'un* SUPERLATIF RELATIF *s'accorde* TOUJOURS. (Traité nouv. des part., page 18.)

Pour démontrer le contraire citons un exemple :
C'est UN *des plus célèbres médecins que vous avez* CONSULTÉ. (Bescher.)

Le participe CONSULTÉ est précédé d'un *que* et d'un *superlatif relatif*. Cependant il serait ridicule de le mettre au pluriel, parce que ce ne sont pas les plus célèbres médecins que vous avez consultés, mais UN *des plus célèbres*.

Décidément M. Rossi n'est pas heureux dans ses *découvertes* de règles!

PARTICIPES PASSÉS SUIVIS D'UN INFINITIF.

Le participe passé suivi d'un infinitif s'accorde s'il a pour complément direct le pronom qui le précède, et reste invariable s'il a pour complément direct l'infinitif qui suit :

VARIABLE.	INVARIABLE.
Pour être sûr de la vérité de ces choses, il faut *les* avoir *vues* s'accomplir. (Voltaire.)	Pour être sûr de la vérité, il faut *l'*avoir *entendu annoncer* d'une manière claire et positive. (J.-J. Rousseau)
Il est vrai que Dieu n'a pas révélé ses jugements aux gentils, et qu'il *les* a *laissés* errer dans leurs voies. (Pascal.)	Ils étaient punis pour les maux qu'ils avaient *laissé faire* sous leur autorité. (Fénélon.)
Cette nuit je *l'*ai *vue* arriver en ces lieux. (Racine.)	Dans les sacrés cahiers méconnus des profanes, Nous avons *vu parler* les serpents et les ânes. (Voltaire.)

On reconnaît mécaniquement que le pronom qui précède le participe en est le complément direct, lorsque l'objet que ce pronom représente peut devenir le sujet du verbe qui est à l'infinitif. Ainsi dans le premier exemple de la première colonne, on peut dire : *il faut avoir vu elles qui s'accomplissaient*.

On reconnaît que le pronom qui précède est le complément de l'infinitif, lorsque l'action de ce verbe suppose nécessairement un autre mot comme sujet. Ainsi dans le premier exemple de la deuxième colonne, on ne peut pas dire : *il faut avoir entendu la vérité qui annonçait* ; mais on dirait bien : *il faut avoir entendu* QUELQU'UN *annoncer la vérité*.

Cette règle est applicable aux participes passés suivis d'une préposition et d'un infinitif.

Exemples : *La plante mise en liberté garde l'inclinaison qu'on* L'A FORCÉE *à prendre.* (J.-J. Rousseau.)

Entraîné par le torrent , il se trouva malgré lui hors de la route qu'il avait RESOLU *de* SUIVRE.   (Bourdaloue.)

Nous ne demandons pas que tu pardonnes à ceux que tu as RÉSOLU *de* FAIRE MOURIR.   (Vertot.)

ELLIPSE DE L'INFINITIF.

L'infinitif est quelquefois sous-entendu après les verbes *devoir , pouvoir , vouloir , permettre , croire ;* dans ce cas le participe est invariable parce qu'il a pour complément direct l'infinitif ellipsé.

Exemple : *J'ai reçu la lettre que vous m'avez fait l'honneur de m'écrire , avec beaucoup plus de joie que je n'aurais* CRU (SOUS-ENTENDU *éprouver).*   (Montesquieu.)

PARTICIPE *fait* SUIVI D'UN INFINITIF.

Le participe *fait ,* suivi d'un infinitif, a toujours cet infinitif pour complément direct, et par conséquent reste invariable dans ce cas.

Exemple : *L'amour d'une vaine gloire vous a* FAIT PARLER *sans prudence.*   (Fénélon.)

REMARQUE. La règle du participe *fait* suivi d'un infinitif est applicable à certains participes passés suivis de l'infinitif du verbe être pris absolument ou entrant dans la composition d'un verbe passif.

Les paroles qu'on m'a dit *avoir été prononcées.* (Boniface.)

Le pronom *que* qui précède le participe *dit,* n'est pas le complément direct de ce participe ; il est seulement le sujet de l'expression verbale *avoir été prononcées ,* et forme avec celle-ci le complément direct du participe. En effet on n'a pas dit les *paroles*, on a dit qu'*elles avaient été prononcées*. (1)

PARTICIPES PASSÉS PRÉCÉDÉS DE ᴇɴ.

Le participe passé précédé du pronom *en* est variable, si le pronom *en* est lui-même précédé d'un complément direct. Il reste invariable, si le pronom *en* n'est précédé d'aucun complément direct.

Exemples : *On ne pouvait pas se plaindre de son adminis-tration, quoiqu'elle ne répondit pas aux espérances* ǫᴜ'ᴏɴ ᴇɴ *avait* ᴄᴏɴçᴜᴇs, (J.-J. Rousseau.)

*J'ai vu des savants faibles ; mais j'*ᴇɴ *ai* ᴛʀᴏᴜᴠᴇ́ *d'un peu lourds.* (Marmontel.)

PARTICIPES PASSÉS ACCOMPAGNÉS DE *en* ET D'UN ADVERBE DE QUANTITÉ.

Le participe passé précédé de *en* et d'un adverbe de quan-

---

(1) Le chef-d'œuvre de M. Rossi c'est de nous offrir sous le titre de ᴏʙsᴇʀᴠᴀᴛɪᴏɴ ɪᴍᴘᴏʀᴛᴀɴᴛᴇ, d'énormes fautes de français.

Laissons-le parler. (Traité nouv. des part., pages 18 et 19.)
L'état de sa fortune qu'on avait ᴄʀᴜᴇ *considérable......*
La place qu'on a ᴀssᴜʀᴇ́ᴇ *être stable......*
Nous ne partageons pas l'avis de Boniface qui ᴀᴄᴄᴏʀᴅᴇ *le premier par-ticipe et rend invariable le second, etc.....*

M. Rossi nous permettra de ne pas être de son avis et de croire avec Bo-niface qu'on n'a pas *assuré la place*, mais qu'on a assuré *qu'elle était stable*, et que, par conséquent, le participe doit être invariable.

On ᴀᴄᴄᴏʀᴅᴇ un piano, un violon ; mais un *participe* n'étant pas un *instru-ment de musique*, on ne l'ᴀᴄᴄᴏʀᴅᴇ pas, on le ꜰᴀɪᴛ ᴀᴄᴄᴏʀᴅᴇʀ.

tité, s'accorde par syllepse avec le nom que le pronom *en* représente (1).

Exemples : Combien *n'en* a-t-on pas vus (des malades) *qui, après avoir été à la dernière extrémité, n'avaient aucun souvenir de tout ce qui s'était passé.* (Buffon.)

Combien *Dieu* en a-t-il exaucés ! (Massillon.)

Combien en a-t-on vus *jusqu'au pied des autels, Porter un cœur pétri de penchants criminels !* (Voltaire.)

____

(1) 2ᵉ Remarque. *Le pronom en, quoique représentant un régime sylleptique, ne* demande *pas l'accord du participe qui le suit, par la raison que le pronom n'a pas de* TERMINAISON VARIABLE. *C'est l'avis des meilleurs grammairiens. Cependant l'*emploi *contraire ne devrait pas être regardé comme* fautif....... (Traité nouv. des part., page 21.)

Il nous est arrivé bien des fois en analysant ce *Traité nouveau,* de penser que M. Rossi emploie souvent des termes dont il ne connaît pas exactement le sens. Si cela n'était pas, comment aurait-il pu donner pour *unique* raison de l'invariabilité du participe, que *le pronom en n'a pas de* terminaison variable? Mais le pronom que n'a pas non plus de *terminaison variable,* cependant le participe varie quand ce pronom en est le complément direct....

Qu'est-ce aussi qu'un *emploi* fautif ? *Fautif* (voir tous les dictionnaires) signifie, suivant l'acception, *sujet à faillir* ou *plein de fautes.* Or nous demandons à tous les lecteurs, nous demandons à M. Rossi, lui-même, si l'on peut dire qu'un *emploi est* sujet a faillir ou *qu'il est* plein de fautes. Un *Traité* peut être *fautif,* nous en avons la preuve sous les yeux ; mais un *emploi* ! ......

Ceci nous rappelle la première ligne de sa préface où l'on remarque une faute semblable : *Un traité de participes est une* matière *si* petite *et si aride......* Un *Traité* n'est pas une *matière*; c'est l'objet du Traité qui est une matière. D'ailleurs qu'est-ce qu'une *matière petite* ? ......

Il est faux que l'avis de M. Rossi, relativement au pronom en *représentant un régime sylleptique,* soit partagé par les meilleurs grammairiens. Guévard, Lévi, Poitevin, Boniface, Vanier, Bescherelle que M. Rossi met dans sa préface au-dessus de toute exception (lisez au-dessus de toute comparaison) en un mot les grammairiens les plus suivis enseignent le contraire. Les seuls grammairiens qui soient de l'opinion de M. Rossi sont ceux qu'il conspue lui-même en disant que *leurs ouvrages sont insuffisants aujourd'hui.* A quoi bon alors publier un *Traité nouveau* des participes si l'on ne doit y émettre que des idées fausses ou surannées ?

Combien *j'en ai déjà* passés !   (J.-J. Rousseau.)

Combien en *a-t-on* vus , *je dis des plus huppés ,*
A souffler dans leurs doigts dans ma cour occupés! (Racine.)

Pendant ces derniers temps , combien en *a-t-on* vus
Qui du soir au matin sont pauvres devenus
      Pour vouloir trop tôt être riches ! (La Fontaine.)

Autant d'ennemis il a attaqués , autant *il* en *a* vaincus.
           (Dessiaux.)

Observation. Ce dernier exemple prouve combien il serait absurde de laisser le participe invariable dans le second membre de la phrase ; car cette phrase équivaut évidemment à celle-ci : autant d'ennemis *il a attaqués ,* autant d'ennemis *il a vaincus.* Or, si dans le premier membre le participe *attaqués* doit être au pluriel, et cela est incontestable puisque *autant d'ennemis* exprime une idée de pluralité, il faut aussi que le participe *vaincus* soit mis au pluriel dans le second membre, parce que le mot *autant* exprime la même idée.

Remarque. Le participe passé accompagné de *en* et d'un adverbe de quantité reste invariable dans les cas suivants :

1° Lorsque le pronom *en* représente un substantif singulier :
Voilà une partie des chimères qu'une politique a mises sous le nom d'un grand ministre , avec cent fois moins *de discrétion que l'abbé de Saint-Pierre n'*en *a* montré.   (Voltaire.)

2° Lorsque le substantif représenté par *en ,* est pris dans son sens général , parce qu'alors l'adverbe de quantité n'exprime qu'une idée fractionnaire et ne peut par conséquent imposer ni genre ni nombre au participe :
Par son analyse, Descartes fit faire plus *de progrès à la géométrie qu'elle n'*en *avait* fait *depuis la création du monde.*
           (Thomas.)

Plus vous m'avez servi de confitures , plus *j'en ai* mangé.
           (Bescherelle.)

3° Lorsque l'adverbe de quantité est placé après le participe :
Le glaive a tué bien des hommes ,
La langue en *a* tué *bien* plus. (Franç. de Neufchâteau.)

4° Quand le substantif qui fait le sujet principal de la phrase est placé après le participe :

Hélas! *que j'en ai vu* mourir , de jeunes filles!   (V. Hugo.)

5° Lorsque la phrase est interrogative :

Des fleurs , COMBIEN EN *avez-vous* CUEILLI ?
Des pages , COMBIEN EN *avez-vous* FAIT ?   (Boniface.)

La raison en est qu'il y a ici une espèce d'incertitude sur le nombre de fleurs cueillies , de pages faites , et que le pronom *en* ne rappelle pas assez le substantif; c'est le mot nombre , sous-entendu, qui est principalement dans la pensée, car c'est comme si l'on disait : QUEL NOMBRE *en avez-vous* CUEILLI , *en avez-vous* FAIT.

NOTE FINALE. Nous réunissons sous ce titre des observations qui n'ont pu trouver place dans notre Traité et que nous croyons de quelque utilité.

1° *Tout pronom qui joint à un verbe neutre, n'en* FAIT *pas un verbe pronominal, doit être considéré comme n'existant pas et le verbe suit la règle générale. Ex. Les dents qu'on ne lui a pas arrachées , lui sont tombées.* (Traité nouv. des part., page 12.)

Quelqu'effort d'intelligence que nous ayons fait, nous sommes obligés d'avouer que nous n'avons pas compris, et nous soupçonnons M. Rossi de ne pas s'être entendu lui-même. Malheureusement nous nous sommes souvent trouvés en présence de semblables obscurités.

2° *Lorsque deux substantifs sont liés par la conjonction ou l'accord du participe se fait avec* LES DEUX, *si la phrase renferme un* SENS GÉNÉRAL. (Traité nouv. des part., page 22.)

Comment se fait-il que M. Rossi viole sa propre règle en disant dans sa préface (page 8) : *nous ne parlons que du grec ou du latin* DÉGUISÉ, *plus ou moins* ALTÉRÉ ? — N'est-ce pas là un sens général? Le mot ou est-il dans cette phrase autre chose qu'un mot copulatif...? Par conséquent ne fallait-il pas écrire : *du grec ou du latin* DÉGUISÉS... ALTÉRÉS ?

Comme tout mauvais cas est niable, M. Rossi rejettera peut-être cette faute sur les compositeurs typographes; mais une pareille excuse ne serait pas admissible, en présence des errata et des corrections manuscrites dont il a couvert la plupart des exemplaires imprimés de son Traité. La contradiction entre la règle qu'il établit et l'application qu'il en fait, est donc incontestable.

3° M. Rossi termine ainsi qu'il suit une longue discussion sur une règle de Chapsal :

..... *Pour ne citer qu'un exemple puisé chez un des plus* PURS *écrivains français, écoutons Voltaire. « Dans l'Egypte, dans l'Asie* ET LA GRÈCE *(lisez et dans la Grèce), Bacchus ainsi qu'Hercule étaient reconnus comme demi-dieux. »*

Y en a-t-il assez pour avoir raison SUR *Chapsal?* (Traité nouveau des part., page 17.)

Cette discussion est extraite presque textuellement d'un chapitre de Bescherelle. (Voir Grammaire nationale , page 571 et suivantes.) Seulement Bescherelle parle français, ce que n'a garde de faire son imitateur. Le premier dit dans le chapitre cité plus haut : « *La saine logique l'emporte toujours* SUR *ce qu'on appelle forme grammaticale ;* mais cela n'autorisait pas M. Rossi à dire : *avoir raison* SUR *Chapsal.* En effet, on a raison *sur* quelque chose et *contre* quelqu'un. Ex. : *Il y a des gens* CONTRE *qui il n'est pas même permis d'avoir raison.* (La Bruyère.)

Pour enseigner la langue française, il ne suffit pas de savoir expliquer aux élèves que le mot *sylleptique* vient de *sun* avec, *lambano* prendre (1) ; il faut aussi, M. Rossi, savoir parler français au moins comme tout le monde. Nous ne dirons pas avec vous (Traité nouveau des part., page 2) *que des hommes* SÉRIEUX *même nous ont avoué ne reconnaître d'autre loi qu'une certaine routine pour* LEUR *orthographe*, ce qui , soit dit en passant , est une impertinence à l'adresse de la majorité de vos lecteurs à qui vous semblez dire qu'ils ne sont pas des hommes *sérieux ;* mais nous dirons que nous connaissons un très grand nombre de personnes qui ne sont pas professeurs, et qui rougiraient néanmoins de maltraiter , comme vous le faites , cette pauvre langue française qui n'en peut mais.

---

(1) On comprend que les élèves doivent saisir merveilleusement l'étymologie du mot *sylleptique*, attendu la grande analogie euphonique qu'il y a entre *syl* et *sun* et entre *leptique* et *lambano!*

CONCLUSION.

Pour qu'on ne nous accuse pas d'avoir manqué de mesure dans notre critique, nous croyons devoir mettre sous les yeux du lecteur les attaques dont nos confrères et nous avons été l'objet de la part de M. Rossi. On appréciera, après les avoir lues, quels ménagements et quels égards méritait celui qui a écrit des lignes aussi agressives.

On lit dans le TRAITÉ NOUVEAU DES PARTICIPES, page 3 et suiv. : *Nous avons connu* PEU *d'élèves, sortant d'un établissement* QUELCONQUE *qui fussent capables de bien analyser une phrase et de nous désigner d'une manière sûre le rôle que peut jouer chaque mot dans le discours.* Ce passage est assez *clair* par lui-même ; cependant M. Rossi a cru devoir le rendre plus clair encore en ajoutant en note : *Nous ne voulons pas parler de ces intelligences ingrates qu'aucun effort ne fertilise.*

Ainsi d'après M. Rossi, il n'est dans Toulon, *lui excepté* bien entendu, aucun éducateur, qu'il soit instituteur ou professeur, qui puisse enseigner aux élèves même les plus intelligents les notions les plus élémentaires de grammaire. Il est difficile, on en conviendra, de montrer plus de convenance et d'urbanité. Ce n'est rien encore. M. Rossi reprend (page 4, lig. 18 et suivantes) : *Et pourtant soit règlement universitaire, soit désir de* FAIRE ILLUSION *aux parents sur les* PRÉTENDUS *succès de leurs fils,* on a la MANIE *d'établir des cours appelés* CLASSES *où l'on varie les parties de l'enseignement français.*

Les professeurs de Toulon représentés ci-dessus comme *ignorants et incapables* sont maintenant dépeints comme des charlatans qui cherchent à tromper la confiance des familles.... Nous nous abstenons de qualifier un pareil langage, parce que nous serions obligés d'employer un mot trop dur ; nous nous bornons à le signaler aux honnêtes gens.

Le même esprit de dénigrement systématique se retrouve dans la note placée au bas de la page 8 : *L'examen de l'ad- ministration de la marine a mis à* NU *ce déplorable oubli. Des candidats pourvus de leur diplôme de bachelier ,* ont *fait preuve d'une* GROSSIÈRE IGNORANCE *en fait d'ortho- graphe. Ils ont été rejetés comme de raison : on a crié à l'injustice ; que ne se sont-ils plaints de leur propre ignorance ,* ou de la NÉGLIGENCE de leurs *maîtres ?*

Si M. Rossi s'était une seule fois présenté devant une faculté française , pour obtenir le diplôme de *bachelier*, il saurait que l'examen pour l'obtention de ce grade est plus sérieux qu'il ne le pense , et que ceux qui y répondent d'une manière satisfai- sante ne peuvent jamais être taxés par *qui que ce soit* de GROS- SIÈRE IGNORANCE. D'ailleurs sur quoi se fonde M. Rossi pour parler d'une manière aussi péremptoire ? Il ne pourrait savoir pour laquelle des épreuves écrites les candidats ont été élimi- nés , ce que ceux-ci mêmes ignorent , qu'en compulsant leurs copies. A-t-il été autorisé à le faire ? Nous ne le pensons pas ; car si cela était, il aurait vu que parmi les *bacheliers* qui ont pris part à l'examen auquel il fait allusion dans sa note, AUCUN n'a été éliminé pour *l'orthographe.* Nous sommes allés nous- mêmes aux renseignements, et s'ils sont exacts ainsi que nous avons lieu de le croire, nous pouvons affirmer que les bacheliers refusés l'ont été à cause de leur *écriture* illisible ou mal formée ou d'une mauvaise solution du *problème.* Mais il a suffi que quelques bacheliers fussent rejetés pour que M. Rossi , bon logicien comme chacun sait, ait conclu qu'ils l'avaient été pour *l'orthographe....* Voilà , sauf erreur, l'unique cause de la note inconvenante, pour ne rien dire de plus , dont il est question ici , et où il ne nous serait pas difficile de découvrir au moins TROIS fautes de français ou de goût, si l'espace ne nous manquait. Au surplus nous offrons de parier que les bacheliers dont M. Rossi a fait si méchamment ressortir la prétendue ignorance pour avoir occasion de lancer une nouvelle attaque contre ses confrères , nous offrons de parier , disons-nous, que ces bacheliers connaissent mieux la langue française et les lois qui la régissent que ne les connaît M. Rossi lui-même , tout professeur de littérature qu'il se qualifie.

Lorsque M. Rossi n'attaque pas directement, il procède par insinuations. *Nous pourrions*, dit-il, page 8 ligne 20 et suivantes, *ajouter pour dernière condition à un* BON *enseignement, la connaissance quelque peu étendue qu'elle soit de la langue latine et de la langue grecque.*

Tout ceci est évidemment écrit contre les instituteurs primaires dont la plupart, (ce n'est un mystère pour personne) ne connaissent pas le latin. En tout cas ils peuvent se flatter de savoir leur langue au moins aussi bien que ceux qui *mettent fréquemment le pied dans le terrain classique du Latium et des Hellènes*, voire même que ceux qui vivent en commerce journalier avec Horace. (Voir Traité nouveau des participes, page 8 , ligne 27 et page 9 , ligne 19.)

M. Rossi s'étant fait le contempteur de ses confrères, on devait s'attendre à ce qu'il s'instituât son propre thuriféraire ; c'est en effet ce qui a eu lieu. Car non content de conseiller modestement l'usage de ses procédés (*Pour obvier aux inconvénients que nous venons de signaler, nons proposons* CE QUE NOUS PRATIQUONS *nous-même dans notre enseignement particulier....* [Traité nouv. des part., page 7.), il a fait insérer dans le TOULONNAIS du 11 décembre 1855 une réclame trop *remarquable* pour que nous résistions à la tentation de la mettre sous les yeux du lecteur :

Les *bons* livres didactiques sont d'autant plus *recommandables* qu'ils sont rares.

Nous venons de lire un traité nouveau des participes français , publié par un des professeurs les plus DISTINGUÉS de cette ville, et nous croyons remplir un devoir que de le signaler à l'attention de tous ceux qui veulent être *fixés* à l'aide d'un raisonnement *inébranlable*, sur cette partie la plus épineuse de notre grammaire.

Les longueurs en pareille matière rebutent toujours ; nous sommes heureux de pouvoir assurer que le nouveau traité, bien qu'un des plus *complets* qui aient jamais paru, joint à la *clarté* la plus rare *brièveté*.

Un REMARQUABLE avant-propos où l'on trouve un aperçu critique sur *tous* les grammairiens les plus en vogue, révèle chez l'auteur un *fond (sic)* de LOGIQUE et d'ÉRUDITION qui ne le cèdent qu'à la CORRECTION et à l'ÉLÉGANCE du style.

Une pareille réclame porte en elle son enseignement et nous dispense de tout commentaire.

Résumons-nous.

M. Rossi peut avoir des connaissances, mais il ne possède assurément pas le don de les communiquer, par écrit du moins. *Il ne peut être défini que la contradiction enseignante ; il vous jette dans un dédale d'où aucun fil ne vient vous tirer.* C'est Boniface qui lui renvoie ce compliment. (Traité nouveau des part., page 7, ligne 7.) *Il semble avoir pris à tâche de prouver que si l'on se croit des droits à être le législateur de la langue, on ne peut se vanter au moins de savoir bien écrire.* C'est Girault-Duvivier qui lui renvoie aussi cette gracieuseté. (Traité nouveau des part., page 7, ligne 11.) Enfin nous dirons en nous servant de l'apostrophe adressée à Chapsal par M. Rossi : (Traité nouveau des part., page 17.) *Y en a-t-il assez pour avoir raison de* M. le Professeur de philosophie et de littérature, membre correspondant de la société gallicane.....?

Au moment de mettre sous presse, nous apprenons que M. Rossi, prévenu qu'on préparait une critique de son *Traité nouveau des participes*, a cru devoir coller une bande de papier imprimée sur les passages qu'il a jugés les plus défectueux. *(Huit à dix!)*

Il est bien sans doute d'appliquer le précepte d'Horace :

Sæpè stylum vertas, iterum quæ digna legi sint
Scripturus..... -

si bien rendu par Boileau dans ce vers :

Ajoutez quelquefois , et souvent effacez ;

mais il nous semble qu'on doit faire un pareil travail sur le manuscrit avant de le livrer à l'impression , et non lorsque l'ouvrage est rendu public ; car si les corrections ajoutées ainsi tardivement sont utiles, les acquéreurs des exemplaires non corrigés se trouvent nécessairement lésés, et sont en droit de reprocher à M. Rossi d'avoir fait preuve d'une grande légèreté en mettant en vente un ouvrage qui, de son aveu tacite, est incorrect et incomplet.

Au surplus nous craignons bien que ce fait sans précédent dans les annales de la librairie et que nous laissons au public le soin d'apprécier, ne donne à celui-ci une idée exacte du degré de confiance que mérite un ouvrage auquel l'auteur se croit obligé de faire de pareilles rectifications.

TOULON , IMPRIMERIE D'E. AUREL , RUE DE L'ARSENAL , 13.